El descampado de las urracas

ÆREA | *carménère*

Aníbal Cristobo

El descampado
de las urracas

[diarios de paternidad, 2018-2021]

A861   Cristobo, Aníbal
F   El descampado de las urracas / Aníbal
           Cristobo -- Santiago-Barcelona : RIL
           editores-Ærea | Carménère, 2024.

                   58 pág. ; 23 cm.

              ISBN: 978-84-

        1 POESÍA ARGENTINA. 2 LITERATURA ARGENTINA.

Ærea | *carménère*

Serie dirigida por
Eleonora Finkelstein y Daniel Calabrese

Este libro ha recibido una ayuda a su creación del Ministerio de
Cultura y Deporte a través de la Dirección General del Libro y
Fomento de la Lectura

El descampado de las urracas
[DIARIOS DE PATERNIDAD, 2018-2021]
Primera edición: septiembre de 2024

© Aníbal Cristobo, 2024

© Ærea, 2024

Un sello de RIL® editores
SEDE SANTIAGO DE CHILE: Los Leones 2258 • CP 7511055 Providencia
☎ (56) 22 22 38 100 • ril@rileditores.com • www.rileditores.com

SEDE VALPARAÍSO: Cochrane 639, of. 92 • CP 2361801 Valparaíso
☎ (56) 32 274 6203 • valparaiso@rileditores.com

SEDE ESPAÑA: europa@rileditores.com

Composición y diseño: RIL® editores
Diseño de colección: Marcelo Uribe Lamour
Imagen de portada: Aníbal Cristobo

Impreso en España • *Printed in Spain*

ISBN: 978-84-10248-23-6
Depósito Legal: B 16264-2024

Ser padre, tal vez, quiere decir saludar.
Es un dios que no protege, que sólo puede huir.

VALERIO MAGRELLI

La memoria es una isla de edición.

WALY SALOMÃO

Mi hija duerme

YO VENÍA DE LEJOS, MOVIDO
por la aventura cambiante de lo indeterminado
—como cuando dibujás
al hablar por teléfono—

cuando esta descomprensión me soltó en la espesura.

Así fue despertar sin un perro a mi lado.

Luego había que conectar las imágenes
entre sí, y unirlas a un sentido de acción cualquiera.

En ese impasse
supe que mi hija todavía dormía: «duerme

y a su alrededor persisten
las últimas fibras de literalidad, una trama
que comienza a ceder, esa nube
deshilachándose
según avanza el día».

El descampado de las urracas

Lo que puede un cuerpo

Nadie lo sabe: pero el de Marina
pide los cerezos que pintó Maira Kalman en Washington.
   Ana
prefiere no hablar de ella. En cambio, escribe sobre un
   cineasta
desconocido, quiere otros 10 litros de tierra

para sus plantas. Sil
busca a la ex de su chico; las dos
comparten lo que significa perder a una pareja. Claudia
piensa en sus monjas, que deforman la escritura
para alejar el pecado. Hace unos días

Andrea subrayaba un libro
que explicaba cómo arrojaban un puñado de plumas
desde un globo aerostático, para saber si el globo
estaba subiendo (si las plumas bajaban) o bajando
(si subían). Nadie sabe

lo que puede un cuerpo.

DIBUJANDO JUNTAS (23/10/2019)

¿Qué sabe un padre? Le pido a Marina
que me enseñe a dibujar sus niñas con trenzas. Accede;
planifica todo: me sienta

a su lado —ella, con un boli; yo
que tendré que borrar y rehacer mis trazos,
con un lápiz. Y me va explicando

cuáles son las líneas iniciales, y las
siguientes— me pregunta
si quiero que lleven faldillas o pantalones, me indica

los detalles que definen un gesto, el *atrezzo*
de los personajes, todo el estudio de los pormenores. Es
    cierto:
comparada con su versión (imagen
de la izquierda)

la mía se ve torpe, rígida, sin gracia

pero quizás para un padre primerizo no esté
tan mal: con suerte, guiado por mi hija
añadiré el sombrero que aprendimos
de Susan,

—el asombro en los ojos—
seguiré progresando.

OTRA VEZ EN CASA (6/4/2020)

Ahora que está de nuevo entre nosotres,
en casa, con Igor,

ahora que hacemos otra vez compotas juntes
y cremas de verduras, y subimos al terrado
a buscar la estrella de Damm, ahora

que al poner una taza de arroz
por persona
ella me dice «aquí está la taza», y adivina que yo
le responderé
«y aquí está la persona»,

ahora, pienso
sería estupendo tener la autoconfianza de mi hija,

cuando me dice
— el mismo tono casual de cada día—
«sólo te aviso que a las 3
hacen la serie que te dije que me gusta».

La memoria del agua (18/4/2020)

Dos semanas después, Marina
se prepara para volver a Masnou, a ver
a su madre: hay
un dibujo

una obra minimalista
apenas un cartel de "Welcome"

debajo
algo que parece una maleta
y dentro

un destello luminoso: al tocarlo
mi dedo se moja. «¿Qué es?»

Tú que crees. Agua
y sal. «¿Lágrimas?» Sí, de
cuando lloro. «Pero ahora no has llorado,

¿no se secan?» Sí, bueno:
lo acabo de repasar con agua.

Mi madre me habla de mi hija (7/8/2020)

Me dice que Marina está «muy entusiasmada»
con la tablet, que el fin de semana no
se comunicaron, que teme
que su presencia haya sido excesiva:
como a mí, le da miedo pensar que esa niña se haya aburrido

de ella. Que Marina
descubra un mundo más llamativo sobre nuestras cabezas.

También me dice que esta mañana le preguntó si quería
que hablaran; que agregó —por halagarla
o bromear— que echaba de menos
los conciertos de pianito

de cada día. Su nieta prometió llamarla, pero por la noche
le envió este mensaje: *Hola Yaya. No he podido
llamarte, pero te mando
el concierto grabado, y te llamo mañana.*

El día de la ardilla (13/11/2020)

No como el de la marmota, sino irrepetible
y desconcertante: él entra a su casa; su hija
sale corriendo a verlo — es algo infrecuente, son
las siete de la tarde, él llega de la clínica

con una gasa en la encía superior:
Sil dice que parece una ardilla
con la boca llena de bellotas. Y Marina se ríe. Luego,
cuando su madre le pregunte
por él, ella sabrá imitarlo
con más gracia: así, pero como sólo
ella podría. Esa noche

su padre no se acuesta a su lado, ni lee en voz alta
para que se duerma, sino
que se transforma en un ovillo. Como siempre
le preguntará si ha tenido un buen día, si la han
tratado bien, si ha tratado bien
a los otros. Su hija

además de decirle que sí

estirará su brazo hasta la cabeza
del padre, y acariciándole el pelo
le preguntará si él también
ha tenido un buen día:

él dice que ha tenido un día
muy raro, pero eso no está mal

y que quizás tenga que aprender a no inquietarse
cuando las cosas no son como esperaba. Y ella
volverá a decirle que sí, y que si no quiero agua,

una infusión, dormir. En efecto
duermo; y el día de la ardilla
será único.

DOS ELECCIONES

Para saber quién eras
te ofrecía algunas decisiones:

antes del fin de curso en el Drassanes, cuando ya
nos habíamos mudado

te pregunté si querrías cambiarte
a un colegio
más cerca de casa, uno en el que tus amigos
vivieran en el barrio. No sólo
me dijiste que sí

sino que al día siguiente instruiste a la canguro
para que
a partir de ese momento
te recogiera en el otro colegio.

Un par de años antes
te dije, en un piso
del Born, que yo también podía equivocarme,
que si algo en nuestra convivencia

no te gustaba, que si querías
cambiar algo

me lo dijeras: «Vale», y te
lo pensaste. Y después:
«Te cambio una cucharada de puré
por una
de tu sopa de arroz».

UNA OFENSA

Si te pido que no lo hagas, volviendo
de dar una vuelta por el bosque: dejás de interrumpir

y de hablarme, de mirarme, te apartás sola
por el camino. Ese rechazo
es todo lo que tenés, ahora

— y no vas a cambiarlo por nada:

en estas vacaciones
con adultos, al lado de unas cañas
que podrían partirse.

Imagino que estás ensayando nuestro alejamiento.
Imagino que tu simulacro es tu preparación.

*

Ese verano, cuando decías cosas
que yo no entendía, o no
oía bien

me sentía mal padre: pensaba que estar atento
a todo lo que dijeras a los 6 años
sería demasiado

y que no hacerlo
era una injusticia que yo cometía
sólo para herirme.

*

Analizaste los cuentos de esos días
bajo un eje preciso:
te interesaba saber qué personajes
progresaban económicamente.

Me dijiste que Juan
(de «Juan y las habichuelas mágicas»)
y el matrimonio de «El zapatero y los duendes»
se habían enriquecido durante la historia.

¿Y la chica de «La princesa y el guisante»?
También; estuviste de acuerdo.

El mundo desde el Tibidabo

¿Cómo es tener 7, ser Marina, estar
en este parque?

Asisto a un mundo de predilecciones que se suceden
en el vértigo del asombro: vivir enamorada
de Bob Esponja, o abandonar un color favorito al cumplir
los 5

«porque necesitaba un cambio».

Ese agosto, al irnos de vacaciones, te pedimos que guardaras
en tu maleta tres o cuatro cosas para la semana:
notamos
que intentabas meter uno de los cuadros de tu habitación,
y nos dijiste
«es lo que veo todos los días».

Este sitio no existe. Por ejemplo: levantamos una piedra
del mar y mi hija dice que esas manchas blancas
son tasabis. No sabe de dónde lo sacó. Yo tampoco
sé nada: imagino
que alguien tendrá un accidente,
pero todos seguimos radiantes en las fotos.
Ayer anduvimos junto a los arrozales hasta insolarnos, y
    pensé
que un coche podría salirse de su carril, o que caeríamos
por unas escaleras. Más tarde
escribí algo sobre mancharme con un helado de fresa.
    Salimos a caminar,
a buscar a una gata que habíamos visto
el año anterior, pero sólo encontramos un descampado
con las empalizadas cubiertas de caracoles. Marina dijo
que la gata siempre estaba en la calle, que seguro
la había atropellado algún coche. Días después, las
    manchas de la otra
tarde se llaman *bobbits*. Cuando busco, descubro
que son monstruos gigantes
de las profundidades, y que existen gusanos que se
    alimentan
de piedras. Este sitio no existe,
y está listo para ser arrasado.

CÓMO LO DECÍAS

¿Qué hacíamos en septiembre del 18? Nadar,
comer sushi, maquetar tu primer libro, descubrir
a Doraemon, ir a yoga, leer los libros
de Coco, según el diario, hablar,
hablar, hablar, etc.

*

Esperabas a una amiga del cole, y te pregunté
por el acento. Si Támar o Tamar. «Bueno,
si lo dices gritando, la segunda. Si lo dices
normal, la primera».

*

Querías que *fuese mañana*, y olvidarte de educación
física, donde había tocado el único juego
que no te gustaba.
Te dije que a veces un mal día
se podía encauzar al final, y mejorar. Me pediste
que me acercara; hiciste pantalla
con tu mano en mi oído:
«A veces un buen día puede acabar como una puta mierda».

*

Saliste de la ducha, con la cara casi escondida
detrás de la toalla, imitando un acento mexicano:
«¡Soy un faraón chino!».

*

Cuando el ascensor llega al sexto piso —donde
lo estamos esperando— le decís al espejo:
«Hola, mi yo del futuro».

Un monólogo

No me lo esperaba, pero soy
la que mejor dibuja de la clase: eso dice Tegra.
Y la Julieta. Bueno,

caballos no: caballos dibujo ranas
extraterrestres. Yo caballos no,
yo soy de personas.

*

Los diez animales y la granja
resultó un cuento difícil de escribir:
«Tengo una imaginación que flipas,
pero ahora mismo
no se me ocurre nada».

*

(Mirando fijo al gato)
—Igor, te voy a hipnotizar la mente.

TODO LO QUE QUIERO

> *I refuse to ask mother may I, may I, may I,*
> *only to be given another maybe*
> MARY JO BANG

Hace cuatro años estuvimos en la biblioteca
jugando al gorila, o a las sardinas,
y tenías seis y un solo diente. Te morías
por sentarte en uno de esos ordenadores; era
todo lo que querías, así que te fui soltando
con un aviso de regreso:
«A las siete cuando te diga que nos vamos
quiero que me respondas *¡Venga!*»
Desde una de las mesas, escribí tu respuesta
para poder recordar y entender quiénes éramos:
«Bueno, pero tampoco tendré tantas ganas, eh».

*

Tus tácticas para lo que no querías:
no leer el menú del comedor por la mañana,
por si no te gustaba la comida, ir caminando al casal, para
    cansarte,
y quedarte dormida,
y *no tener que soportarlo*; llevar un abanico
al Liceu, para taparte los ojos y no ver la obra;
ir vestida de fea,
cuando no tenías ganas de acompañarme.

*

Intentaba que no me gruñeras, no quisieras
mandarme, quebrar la tiranía de tu deseo. Llorando,
enfadadísima, llegó la acusación: «¡Es que tú
quieres que lo tenga que pedir *todo*!»

*

O cuando combinabas la imaginación
con la testarudez (grababas tus pedidos
para no hablarnos) para encontrar
un lenguaje propio:
«¡Que alguien me quite a Igor de aquí!»
«Ojalá algún vecino fuera tan amable de encender una
    luz».

Una separación

No sabía cómo ser tu padre, y a ti
te importaba poco: he alquilado esta habitación inmensa
llena de monstruos marinos en el techo, y no sabemos
cómo vivir en ella.

Horas de *Super Simple Songs* que no llevan al sueño sin tu
    madre,
pero estaremos juntos, frente al mercado:

y veremos un cangrejo en el portal,
y comerás un pincho de gambas
sentada sobre mis hombros, y despertarás de la siesta
con un trozo de conejo de chocolate en tu boca.

Ahora —que no logro encontrar el momento
en que ni Jesús ni Nàdia se están duchando para llevarte
    al agua,
y vamos con ese secador naranja—
no parece posible, pero es parte
de lo que nos tenemos reservado.

QUÉ VEÍAS

Después de la separación comenzaste a viajar
en tren, por el litoral
hacia Ocata:

a casa de tu madre.
La emoción de una niña
de ciudad

que se aleja de allí: el
mediterráneo
era un «océano», y las piedras
con que evitaban que el mar

se llevara la arena
de las playas, «esos acantilados».
Te extasiaban los pastizales junto al Besós: «¡Mira!
    ¡Plantaciones
de maíz!».

En Barcelona, lo que sobrevivía
de nuestra civilización
no parecía impresionarte tanto; intuías

su fin. Al pasar con la bici por Glòries, te señalé
una forma y su nombre: *Torre Agbar*.
Desde el asiento trasero, llegó una respuesta seca:
Yo le llamo ruinas.

De alguna forma extraña todo acaba
bien: aun después
de tantos kilómetros en bicicleta

—habiéndola perdido, sin recordar
la ruta de regreso, de noche, entre
cangrejos azules.

Alguien nos invitará a mirar la luna desde un telescopio.
Alguien abrirá la cocina para hacernos dos crepes.

*

En el tren de regreso
escribías mensajes con mi móvil:
tu comunicación condicionada a la oferta
del texto autopredictivo.

*

De vuelta a Barcelona
conociste a Igor, recién llegado
de la protectora: dos
días

más tarde, resumiste tu vínculo perfectamente.
En la biblioteca
mirábamos un libro sobre emociones
cuando nos topamos con la soledad.

Te pregunté si alguna vez la habías
experimentado:

«No,
siempre está Igor», respondiste.

*

Verano del 17, de acuerdo
con el cuaderno rojo: Sil cruza saludos
con mi madre y Marina

al marcharse al gimnasio. Después,

mi madre me comenta que su nieta
la reconviene con severidad: «¿Cómo
le dices que la pase bien?

¿No ves que va a sudar
y a cansarse?».

Escribí que de él nos habían cautivado su languidez, sus
   gafas
— enormes & estilosas —
su larga melena rubia. Lo releí

imaginando la infancia
de algún cantante pop: Marina
habría sido la *groupie* que subió tras él
hacia una terraza y un cielo en Poblenou. Después supimos

que entre los dos habían saqueado todas las fresas
de ese huerto: le pedimos disculpas

a la camarera nórdica, y dejamos atrás
los restos de un vermut.
Pero al salir, nuestro pequeño héroe
aún llevaba fresas
en los bolsillos.

*

Después escribí sobre su madre.
Apunté
que la había llamado al día siguiente

y lo que me dijo: que Simón le contó que en aquella
terraza, con Marina
mientras robaban fresas
había tenido *un déjà vu.*

*

Sé perfectamente cómo te hablé de regreso a casa,
a medida que el glamur seguía disolviéndose.
Lo que dije
tiene que haber sonado más o menos así:

«Pero mientras lo hacías, ¿no pensaste
que quizás no estaba bien?»

Pero no me encontré a mí en la respuesta
sino a vos: «Sí que lo pensé,
pero no me hice caso».

1. (mayo, 2018)

Encontrar una manzana algo oxidada en la mochila de tu hija después de la excursión de ayer con el colegio y mirar la forma exacta en que ha sido tallada con sus pocos dientes, imaginar la lucha y la distracción, la intimidad de un sabor, el ansia por pasar a otra cosa, otro juego; la fuerza y la posibilidad de alimentarse casi exclusivamente del placer de lo nuevo, abriéndose permanentemente, esa tensión y tener seis años: mi idea del amor.

2.

Hay un poema de *Una premonición queer* donde le hablo a mi hija. Es un texto de apenas diez líneas, situado en una noche de verano de algún momento futuro con relación a esa escritura, y tiene una estructura oracular a partir de una revelación. A esa revelación, como corresponde, el poema le contrapone la incomprensión para poder interpretarla, o el posible malentendido generado por la inexperiencia. Según vaticina el poema, Marina verá «una pista / de patinaje vacía, y un guante caído sobre el hielo» y concluirá «que esa era mi idea del amor».

En paralelo al estupor de ese descubrimiento, y a la soledad de quien lo experimenta (y siente que es la primera vez que algo así sucede), el texto presenta al narrador y su pareja como personajes «de un mundo / extinguido», que también ven algo, pero en este caso no un signo deslumbrante, sino opacado por el tiempo y la mediación de los discursos: un documental de tortugas marinas, criaturas prehistóricas, reptiles, anfibias.

El poema se cierra con la obvia explosión (o mejor dicho, *implosión*) de ira y fastidio de esa adolescente que llegará «haciendo chistes fáciles» y coloca al final esa suerte de maldición profética clásica: «te vas a encerrar, / con un humor de perros, a buscar este poema»: el papel donde ya estaba escrito que todo esto sucedería exactamente así.

3. (septiembre, 2015)
—A este color en Barcelona lo llamamos blanco.

Despedimos a Mahler

Cuando nuestro gato enfermó
llamé a mi hija por teléfono
—estaba de vacaciones con su madre—
y traté de explicarle lo que pasaba.

Le hablé de su vida,
de las peleas con otros gatos, de las adopciones
fallidas, de la protectora
que Marina imaginaba una crema solar para animales

de su vida adulta con nosotros, y de cómo
había sido feliz, con ella

paseándolo en el cochecito como «mi bebé».
Y le hablé de una enfermedad, y de las dificultades
del tratamiento

y al final, de una inyección con la que se quedaría dormido.
Mi hija respondió con monosílabos. Después
se miró la mano
y me dijo

—Al menos tengo una marca de Mahler.

*

Eso lo supe sin verla: le encanta
buscarse cicatrices que le den garantías
de lo que ha vivido.

*

Cuando Mahler ya no estuvo con nosotres
encontré unos apuntes recientes que decían:
«Algo debe saber mi hija sobre la identidad, algo
sobre el paso del tiempo y el carácter ilusorio de toda
   imagen

—algo que yo ignoro—

para enfrentar una y otra vez al gato
con el espejo
y repetirle: *Mira, Mahler: este eras
y este eres.*»

*

Escribo esto en agosto del 2018
más de tres años después de que Marina
me regalara un dibujo
en el que yo aparecía atropellado por un coche
y varios meses después de que le dijera a su madre
que la yaya Velo —la madre de su madre—
se moriría pronto.

Bajamos y Mallorca está cortada: es fin de tarde
para tu bicicleta y tus siete años,
ahora que nos volvemos a ver.

Tenemos toda la calle para este experimento.

Nos sentamos donde se acaba el juego,
en la terraza del Mendieta

con un par de empanadas. Quería decirte
que estoy escribiendo este diario, las cosas
que vivimos

para que no se pierdan. Y si quieres,
puedo apuntar las que te parezcan importantes
también. «Vale»

me dice ella. Y dice:
«Si en algún lado apuntaste
que me caí, o algo
por el estilo, bórralo».

Vida de artista

Mira esto: es un dibujo y son cuatro
personajes. Dos
se llaman Álex (uno grande y uno
pequeño), otro Bárbara — del tamaño
del Álex menor — y el otro es Hugo. Míralo
bien: parece

el típico retrato escolar de una familia. Quizás la única
     curiosidad, además
de que estén sin pintar, es que no lo haya hecho
ningún Álex, ni Bárbara, ni Hugo — sino mi hija.

Su madre me explica que es un pedido
del Álex mayor, me cuenta
que le quiere pagar diez euros a Marina, pero que aun
así, nuestra hija se niega a pintarlos.

Envalentonada
por la mensualidad que le concedo desde la primavera

incluso ha respondido que diez euros son menos
que su paga. Le digo a Moni

que es normal: «*como tiene mecenas, rechaza los encargos*».

Dándolo todo en el cumpleaños de Marina (30/09/2020)

Hacía horas que todos menos yo
se repartían en gritos, persecuciones, saltos
mortales, tomas

de lucha libre — y acciones
simultáneas y disparatadas, de cualquier
deporte inexistente

cuando Teo entró en la cocina: buscando
quién sabe qué,
me encontró a mí

ligeramente aterrorizado, escondido
entre platos y vasos
con la excusa de la velita 9 para mi hija,
o reponer Cacaolat. Entró

y le pregunté que cómo estaba. «Bien,
pero un poco cansado». Es normal, o quizás
le dije que no me extrañaba, le ponéis «bastante
emoción»

(ese fue el eufemismo). Teo me miró
desconcertado, como si no me estuviera enterando
de nada. Al padre de su hija, desde la vehemencia
de unos ojos claros y un flequillo
encantador, sólo atinó a responderle:

«¡Claro! ¡Es que es el cumpleaños de Marina!»

Otro cumpleaños

Marina, ¿estás bien
ahí

mirando el vacío?

— Sí.

¿Y qué es
lo que más te gusta

del vacío?

—Que lo puedo mirar

y no se me va.

Recuerdo que las rarezas de la noche comenzaron cuando
    pediste
tu empanada:

dijiste que la querías de espinaca, y dijiste

(cuando te pregunté
por qué)

que era *porque no tenía gusto a nada*. Y que antes
también me había hecho gracia

que hablaras de *los secuaces de Papá Noel*
—los elfos—.
Esto fue en Barcelona,
en 2019: era normal
ver gente llevando cajas amarillas (cúbicas, con pedidos
de comida dentro)

pero no tanto
verlos pasar a pie, y nosotros lo vimos
así. *Ese chico tiene una bicicleta*, presagiaste. Pero enseguida
cuando te pregunté que dónde estaba, ese trece
de abril, me respondiste:

¡Y yo qué sé! Yo no quiero saber de su vida,
quiero saber de la mía. Ahora
lo sabes: era la tuya, tómala.

Una melodía

¿DÓNDE SUCEDERÍAMOS SIN RESPLANDECER? UNA VEZ
intenté captar el instante, ver a mi hija ir
a la cocina

descalza y con su vestidito rosa, coger la jarra de agua
con las dos manos, llenar hasta el borde
un vaso —con todo el cuidado, con toda
la concentración, apoyar la jarra, beber
un trago tras otro, hasta vaciarlo
completamente. Mi hija, quizás,
jamás haya sabido que su padre la estaba mirando. *Pero
dejó*

el vaso abandonado, y sus ojos se cruzaron con los míos. Así,
vino hasta la mesa

y me rodeó el cuello con sus brazos
—como si yo existiera fuera de mi propia imaginación—
    y me dijo
algo que no recuerdo

algo que reemplacé por «una palabra cariñosa» cuando
    quise escribirlo.

Y no hubo nada
en la belleza inimitable del momento
que pudiera ser rememorado en el futuro
como cuando decimos

¿te acordás cuando enganchaste el plato de sopa
con el pie? ¿Cuándo nuestro gato
enloqueció persiguiendo la sombra de un avión?
¿Cuándo presentaron a alguien
en la tele
que tenía tu mismo nombre?

Y luego la vi marcharse, y tocar esta canción en su pianito.

Agradecimientos

A Patricio Grinberg, por la idea inicial y las modificaciones finales, y por saber mejor que yo lo que el libro necesitaba y compartirlo conmigo.

A Sil, que estuvo ahí cuando muchas de estas escenas tuvieron lugar, por haber sido cronista de esos años de infancia y haber colaborado para que Marina y su padre tuvieran todo ese campo de maniobras disponible.

A Paco Najarro, por creer en este libro y hacerlo realidad.

A Rafa Espinosa, por el amor y la agudeza de su lectura.

A Ezequiel Zaidenwerg, por el entusiasmo y la amistad generosa para con este autor y sus diarios de paternidad, ahora desarmados.

A todas las personas que aparecen mencionadas en estas páginas, y que fueron partícipes de algunos momentos únicos de felicidad y desconcierto en la vida de Marina y de su padre.

Y a Marina, siempre.

Índice

UNA MELODÍA

Este libro se terminó de imprimir
en septiembre de 2024

RIL® editores • España

europa@rileditores.com

Se utilizó tecnología de última generación que reduce
el impacto medioambiental, pues ocupa estrictamente el
papel necesario para su producción, y se aplicaron altos
estándares para la gestión y reciclaje de desechos en
toda la cadena de producción.